AF233631

NOTICE

SUR LA

VIE DE M. TERLAING,

VICAIRE A SAINT-ANTOINE (Paris).

PARIS.

IMPRIMERIE BAILLY, DIVRY ET Cᵉ,

PLACE SORBONNE, 2.

—

1852

NOTICE

SUR

LA VIE DE M. TERLAING,

Vicaire à Saint-Antoine (Paris).

———

Frédéric Terlaing naquit à Besançon en 1795. Nous n'avons rien trouvé, dans ses premières années, qui soit digne d'être rapporté ; une seule chose nous y a paru remarquable, c'est qu'après avoir été simple commis il sut, par sa sagesse, qui déjà le distinguait des jeunes gens de son âge, par son esprit d'ordre et une aptitude vraiment rare pour le négoce, s'élever à la position de marchand de draps. Il disait, plus tard, que s'il n'était pas devenu riche dans le commerce, c'était pour y avoir toujours eu une conscience délicate jusqu'au scrupule.

Dieu, qui le destinait au salut des âmes, après l'avoir laissé assez de temps dans le maniement des affaires pour y acquérir des aptitudes et des qualités qui devaient servir à un but sublime, l'appela à une autre vocation. Fidèle à cet appel d'en haut, cet homme juste n'hésita pas à abandonner une position conquise par son travail, avec toute la perspective d'avenir qui se pouvait présenter à son ambition, pour reprendre ou plutôt pour commencer, à plus de quarante ans, la difficile étude de la langue latine et de tout ce qu'on exige de ceux qui veulent se présenter au grand séminaire. La persévérance opiniâtre de M. Terlaing abrégea singulièrement le temps de ces études, et il put entrer au séminaire de Saint-Sulpice dès le mois d'octobre 1839.

On comprend quelles difficultés il dut rencontrer dans des travaux qu'il reprenait à un âge aussi avancé. Ne lire que des traités écrits en latin, ne parler en classe que latin, était bien propre à rebuter un homme qui n'avait pas été brisé, dès l'enfance, à la langue de l'Église. De plus, M. Terlaing n'avait pas reçu de Dieu des talents considérables ; il ne devait avoir au séminaire que la prétention d'acquérir le strict nécessaire, sans pouvoir aspirer à briller jamais dans ses études. Dans son ministère, sa parole, pleine, d'ailleurs, de l'esprit de Dieu, n'eut rien de cette éloquence, je ne dis pas mondaine, mais même de celle que l'on retrouve si souvent dans les saints génies de l'Église. J'ai écrit ceci pour la consolation de ceux qui, soit au séminaire, soit dans le ministère, seraient tentés de se croire appelés à faire peu de bien, parce qu'ils se sentent peu de talent. Qu'ils aient le cœur de M. Terlaing, ils feront un bien immense !

Ordonné prêtre en juin 1843, il fut placé comme simple vicaire à Saint-Antoine, paroisse située dans le faubourg de ce nom, à deux pas de la place de la Bastille. Dès lors sa vie ne fut plus qu'un héroïsme de travail et de charité qui rappelle saint Vincent de Paul.

L'idée qu'il se faisait du sacerdoce était très-haute. Il comprenait que les pouvoirs déposés en ses mains au jour de son ordination étaient un puissant levier pour faire le bien. Plein de ces deux pensées, le sacerdoce d'une part, le travail de l'autre, il se mit à l'œuvre avec le succès que nous raconterons sans exagération.

Toutefois, nous n'aurions pas fait connaître suffisamment l'intérieur de M. Terlaing, avant de parler de sa vie extérieure, si nous n'énoncions une idée qui a dominé toute son existence, et qui est mêlée à tout ce qu'il a fait. M. Terlaing avait été négociant ; devenu prêtre, il crut n'avoir autre chose à faire que le commerce des âmes, et, très-réellement, sa manière d'accomplir le saint ministère se résume parfaitement en ces deux mots : le commerce des âmes.

Ainsi, qu'on n'attende pas de M. Terlaing, malgré son zèle immense, des œuvres faites au hasard, de ces œuvres qui naissent aujourd'hui pour mourir demain! Non, M. Terlaing est commerçant; il calcule, médite, et, s'il faut laisser quelque chose aux chances incertaines de l'avenir, il ne risque qu'avec des précautions infinies. Il posséda éminemment les deux qualités du commerçant, l'activité infatigable et la prudence qui calcule. Levé tous les jours à cinq heures du matin, après avoir consacré toute la journée à son laborieux ministère, il passait la première partie de la nuit, souvent la moitié, à tout reporter sur ses livres qui sont tenus, surtout ceux qui concernent ses œuvres, avec un luxe de soin et quelquefois en partie double. « Je fais le commerce des âmes, me disait-il un jour ; les « unes me rapportent 5 pour cent (le capital était son tra- « vail), les autres 30, d'autres 50, quelques-unes 100 pour « cent. »

La dernière disposition intérieure de M. Terlaing, celle qui m'a toujours impressionné et ému profondément, c'a été un amour immense pour les pauvres, amour sans bruit, sans éclat, mais d'une vérité que je désespère de traduire. Sa vie a été un long sacrifice de tout lui-même, de tous les moments de ses journées, de toutes les ressources de son intelligence, de toutes les pulsations de son cœur pour les pauvres, et (c'est encore un trait caractéristique) pour les pauvres les plus abandonnés, les plus repoussants. Mû par un esprit de foi plus qu'ordinaire, M. Terlaing composait ses OEuvres avec des éléments faits pour désespérer une vertu commune, avec des éléments que l'on n'admet généralement qu'en très-petite quantité, parce qu'on espère les neutraliser. Ce qu'il a pris, c'est ce que les autres ne voulaient pas, c'est ce qu'ils n'auraient osé toucher, de peur d'échouer. *Non inveni tantam fidem !*

6

Les soins des enfants fixa d'abord l'attention de ce digne
prêtre. Après quelques mois de ministère, il comprit, par
son esprit éminemment pratique, qu'il était à peu près impossible de sanctifier les enfants en ne les entendant en
confession que trois ou quatre fois par an, comme c'est
l'usage, conforme à la règle de plusieurs ordres religieux.
Je comprenais, comme lui, la difficulté de cultiver sérieu-
sement l'âme des petits enfants de sept à dix ans, avec des
confessions aussi rares ; mais je lui demandais comment,
avec la vie laborieuse et occupée de mille soins des prêtres
de Paris, il était possible de les confesser plus souvent? —
Il me répondit : «Les enfants de Paris sont plus précoces
« que ceux des provinces, et, malheureusement, ils le
« sont aussi pour le vice ; ce qui tient à des causes que vous
« connaissez. Les confesser tous les trois mois est une
« bonne coutume ; mais, avec cette pratique, il est impos-
« sible de déraciner des habitudes vicieuses dans les petits
« enfants, s'il y en a, et il y en a. » — Mais le temps ? — « J'ai
« reconnu la nécessité de confesser mes petits enfants tous
« les mois ; je le fais, je sais en trouver le temps, et Dieu
« me donne des résultats très-consolants. »
Tel était le soin avec lequel ce bon prêtre cultivait ces
jeunes âmes, et les disposait à leur première communion.
Après ce grand pas, il ne pouvait consentir à les abandonner. Il imagina un catéchisme de persévérance appro-
prié aux besoins de ces enfants, et le seul possible, vu les
circonstances. Il réunissait une fois par mois les jeunes
personnes qui en faisaient partie (il n'est question que des
pauvres, c'a toujours été là sa spécialité), dont il savait
merveilleusement augmenter le nombre, qu'il porta jusqu'à
cent. Après leur avoir donné le pain de l'âme, il savait les
intéresser encore aux séances, et provoquait leur assi-
duité par une loterie qui terminait chaque réunion. Il y
avait quatorze numéros gagnant. Les lots étaient des robes,
des tabliers, etc.; et la dernière réunion de chaque trimes-
tre, toute enfant qui avait assisté aux trois séances, sans

être heureuse aux loteries, recevait une récompense consistant en objets nommés plus haut. Quant au zèle de ce digne ecclésiastique pour encourager ces enfants, même en particulier, les conserver au milieu de mille séductions, les exciter quand elles se relâchaient dans leurs devoirs de piété, c'est ce qu'il est impossible d'expliquer en détail.

Malgré les bénédictions que Dieu donnait à cette réunion de ses pauvres, présidée et dirigée par ce bon prêtre, M. Terlaing voulut faire plus encore pour les jeunes personnes, et résolut d'établir l'OEuvre du Saint-Cœur-de-Marie, une de ses grandes créations. Le but de cette OEuvre est de recueillir les jeunes personnes de treize ans et au-dessus. Tout d'abord il choisit une maison vaste, bien aérée, avec un grand jardin, capable, enfin, d'offrir tous les avantages hygiéniques qui y ont été rencontrés en effet. Puis il appela six sœurs des Écoles chrétiennes, pour leur confier la direction de l'établissement, ou plutôt, avant de faire venir les sœurs, il avait essayé déjà de faire marcher sa maison, et il n'appela les saintes auxiliatrices que quand il fut certain que son OEuvre vivrait. Il reçut de préférence les enfants les plus pauvres, les plus abandonnées, selon sa coutume ; et ce qu'il se proposa encore fut d'admettre des jeunes personnes de treize ans au moins, tandis que les institutions de charité ne prennent ordinairement que de fort jeunes filles, par la raison qu'à l'âge de six ou sept ans une enfant n'a point ou presque point d'habitudes prises, et qu'elle est très-facile à recevoir une direction, un esprit. Mais ce fut pour cette raison même que M. Terlaing ne voulut pas de ces petites enfants ; elles pouvaient être reçues ailleurs, cela suffisait pour qu'il s'occupât de celles devant lesquelles ne s'ouvrait aucun asile.

Il ne faudrait pas croire, cependant, que M. Terlaing admît sans discernement dans la maison du Saint-Cœur-de-Marie ; au contraire, aucune élève n'était reçue comme interne, qu'après y avoir été préparée longtemps à l'avance. Il comprenait trop bien, comme il l'écrit lui-même, « que

8

« toute la force morale d'une maison dépendait en grande
« partie de cette précaution. »

Ce fut avec cet équilibre admirable de prudence et de
sainte hardiesse, que M. Terlaing reçut assez d'enfants pour
qu'au milieu d'un grand va-et-vient, la moyenne des pré-
sences fût, en 1850, de cinquante-sept élèves. « Les élèves
« reçoivent tous les jours, pendant une demi-heure, l'in-
« struction primaire (ce sont ses paroles), et elles appren-
« nent l'état de lingère jusque dans le plus beau travail;
« plus, plusieurs autres petits états qui peuvent, selon
« les circonstances, leur procurer des moyens d'exis-
« tence. »

Une autre difficulté qui n'effraya pas M. Terlaing, fut les
conditions qu'il a écrites en ces termes, et qui étaient ob-
servées : « Par une extension de charité, aucun engagement
« n'oblige les élèves à rester un temps déterminé dans
« l'établissement; les parents peuvent les retirer quand ils
« en ont besoin, et, en attendant, l'OEuvre est pour ces
« filles, presque toutes orphelines, une maison de préser-
« vation sous la protection du Saint-Cœur-de-Marie. » Et
lui-même, quand il voyait une enfant capable de gagner sa
vie, il n'hésitait pas à la placer immédiatement, sans s'ar-
rêter à penser qu'il était juste, peut-être, que, sachant enfin
son état, elle travaillât quelque temps au moins pour com-
penser les dépenses dont elle avait grevé la maison.

Mais ce qui est plus étonnant, et qui ne se fait jamais
ailleurs, c'est que, « soit que ces enfants, ainsi sorties, ne
« fussent pas suffisamment bien placées, soit qu'elles fus-
« sent remerciées, elles rentraient dans la maison si elles
« n'avaient pas démérité. Par cette disposition, qui com-
« plète le plan moral de l'OEuvre, ajoute-t-il, la maison du
« Saint-Cœur-de-Marie devient indéfiniment la leur et une
« sauvegarde contre tout accident. »

Cette charité est d'une hardiesse si grande, qu'il fallait
vraiment un homme de Dieu pour oser croire qu'il pourrait
faire exister une maison qui présentait de telles difficultés,

et cependant il a réussi. A sa mort, cette OEuvre était pleine de vie.

Voilà pour les difficultés morales, et maintenant les obstacles matériels ?— Comment, un tout petit vicaire, dans une petite et pauvre paroisse, sans fortune, sans nom, sans position, sans talents remarquables, sans relations, a-t-il pu établir une maison dont la dépense, en 1850, a atteint le chiffre énorme de 27,161 fr.? Il est vrai qu'il imagina d'organiser une loterie de 25,000 fr., et par ses soins (car il se chargea de tout le travail) il la fit réussir complétement ; mais, comme il l'expose en détail dans un prospectus imprimé, le produit net de cette loterie ne fut que de 13,000 f., déduction faite de 10,000 fr. de lots et de frais. Le reste de cette somme de 27,161 fr. restait donc à sa charge (1). Eh bien ! loin qu'il fût écrasé par ce fardeau, une de ses pensées les plus habituelles, durant l'année 1851, était, écrit-il, « que l'institution fût affranchie de son loyer (4,000 fr.) « par l'achat de la maison. » Et il n'est pas douteux que, s'il eût vécu quelques années encore, il eût accompli ce grand projet.

Qui croirait que ce cœur, qui battait si fort pour la gloire du divin Maître, ne se tînt pas satisfait de ces deux grandes OEuvres, et, quelques mois avant sa mort, il avait préparé une OEuvre plus surprenante encore que les deux autres par la fin et les moyens. Il avait remarqué que bon nombre de jeunes filles, sans état, passaient leur vie dans la misère, vêtues de haillons, plus à plaindre encore quant à l'âme. Sa charité lui suggéra de créer un immense ouvroir qu'il voulut placer rue de la Roquette, et au sujet duquel il fit des avances à un propriétaire. Les jeunes filles devaient y être reçues le matin, être nourries à l'ouvroir, et ne rentrer que le soir dans leurs familles. Pendant leur séjour dans

(1) Ce chiffre de 27,161 fr. pourrait paraître bien fort pour une maison qui renfermait environ soixante enfants et six religieuses. Mais il y avait eu près de 7,000 fr. de dépenses de mobilier et de premier établissement, qui ne devaient plus se reproduire ; puis 3,800 fr. de dettes qu'avait laissées une bonne œuvre, dont M. Terlaing fit celle du Saint-Cœur-de-Marie.

cette maison, on les aurait préparées à la première communion, on les aurait ensuite placées ou dans l'ouvroir du
Saint-Cœur-de-Marie, ou en apprentissage dans des maisons
bien connues. Comme c'était l'OEuvre des plus abandonnées,
les douze premières admises devaient être douze pauvres
filles dont l'occupation était de trier les hottes des chiffonniers quand ils revenaient de leur quête.

Comment faire vivre ces enfants, dont le nombre devait
être considérable ? M. Terlaing s'y prit ainsi : il alla visiter
trente ou quarante boulangers; il leur exposait sa pensée,
et ajoutait : Tout le monde aujourd'hui parle de s'aider, de
se soutenir; mon OEuvre est une des réalisations de ces projets généreux, j'ose donc espérer que vous ne refuserez pas
un pain de 8 livres par mois à cet ouvroir que j'établis pour
les enfants pauvres du quartier.

Tous, ou à peu près, lui promirent. Des boulangers il
passa aux bouchers, des bouchers aux grainetiers, etc.; si
bien qu'au moment de sa mort, tout étant prêt, il allait
mettre à exécution ce plan magnifique qui reposait sur la
charité des fournisseurs du 8ᵉ arrondissement.

Telles furent les trois OEuvres par lesquelles ce digne
prêtre travailla à la sanctification et au soulagement des
jeunes personnes.

Quoiqu'on puisse dire que tout cela ait été fait pour les
pauvres de Jésus-Christ, il est peut-être à propos de parler
en particulier de la charité de cet homme de Dieu pour les
membres souffrants du Sauveur.

Une de ses premières créations, une des plus étonnantes,
sans contredit, et, comme il l'écrit lui-même, une œuvre
unique à Paris, fut « l'OEuvre des souliers, pour les pau
« vres ouvriers, de quelque lieu qu'ils vinssent, et aussi
« pour les femmes et les enfants apprentis et écoliers des
« deux sexes du quartier Saint-Antoine, rue de Charenton,
« faubourg Saint-Antoine, 36.

« La fondation de cette OEuvre, dit-il, date de 1846 : en
« cette année, j'achetai environ 300 paires de vieux sou-

« liers mettables, et je les donnai tels quels. En 1847, je fis
« raccommoder les souliers, et j'en donnai 1,100 paires. En
« 1848, je les fis encore mieux réparer, et j'en donnai 1,400
« paires. » En 1849, le nombre des souliers donnés dépasse
2,000, et va s'augmentant en 1850 et 51.

Comment se procurait-il ces souliers? — Il demandait les
vieilles chaussures des personnes un peu riches, de quelques
grandes institutions, ou bien il les achetait au marché du
Temple. Pour réunir quelques fonds à cet effet, il avait ré-
pandu un prospectus qui est admirable de charité, de simplicité et de cet esprit pratique qui le caractérisait.

L'achat et la réparation de ces débris étaient confiés à
trois vieux cordonniers, auxquels l'âge et quelques infirmités interdisaient l'entrée des ateliers : c'était encore une charité.

Il essayait lui-même ces souliers aux pauvres, à genoux à
leurs pieds. Les saints ont seuls ces secrets de charité et d'humilité. Et (ne craignons pas de l'écrire, il n'a pas craint de le
faire) quand ces chaussures gênaient ces pauvres gens, il leur
faisait les cors avec une adresse et une simplicité merveil-
leuses. Tout le monde devine quelles paroles douces, bonnes,
édifiantes, mille fois plus efficaces que les plus éloquents
sermons, accompagnaient ces prodiges d'humilité.

Je l'ai dit, ce cœur débordait d'amour pour les pauvres.
Voici, en abrégé, quelques-unes des inventions de sa charité :

En parcourant ses papiers, je trouve qu'il envoyait quelquefois bien loin de Paris des secours assez considérables à
des familles indigentes, 20 et 25 francs; qu'il paya long-
temps la pension de deux petites filles; que sa bourse s'ouvrait largement quand revenait tous les trois mois ce terme
fatal, ce loyer si lourd pour les pauvres : en juillet 1847, il
donne à cette intention 80 francs; en octobre, 87; et tout
mourant, en janvier 1852, il songeait encore à cette sainte
habitude, envoyait les termes de ses pauvres amis, et recevait leurs quittances. Ce qu'il a employé d'argent à nourrir

les affamés est étonnant : ainsi, en mars 1847, c'est 334 francs; en avril, 320; en mai, 192; en juin 324 : à peu près 1,200 francs en quatre mois. A la même époque, il distribuait des cotrets, en janvier, pour 89 francs; en mars, pour 82 francs; en avril, pour 23. Il donnait tant de cartes de pain aux pauvres, qu'il avait une plaque de cuivre qui lui servait à confectionner cette multitude de bons qu'il distribuait sans cesse.

Il n'oubliait pas la parole du Maître : J'étais nu, et vous m'avez couvert (Math. xxv, 36); et comme cette âme se dilatait sans mesure pour opérer le bien, il a fait cette bonne œuvre avec une largeur de cœur extraordinaire. Il achetait souvent des pièces d'étoffes, onze fois, par exemple, en 1851, formant un total de 574 francs; déposait ces pièces chez des femmes-pieuses, auxquelles il envoyait de temps en temps des enfants avec un mot de sa main. C'est de cette sorte que dans les dix derniers jours de juillet 1848, il fit couper vingt robes pour des petites filles, et treize autres le mois suivant.

Ce qu'il a distribué de bons livres, Journée du Chrétien, Catéchisme, Cantiques, etc., est considérable. J'ai trouvé, entre autres, deux factures de 1849 qui donnent un total de six cents Journées du Chrétien.

Il n'allait pas dans une maison sans pendre un crucifix au-dessus du lit, sachant toute la sainte influence de cette image de l'Homme-Dieu. Il aimait aussi à donner des chapelets, et avait toujours sur lui une petite provision de médailles de la sainte Vierge, pour en faire part à tous ceux qui ne portaient pas la livrée de cette aimable Mère.

En deux mots, c'était un homme vendu aux âmes, vendu aux pauvres. Aussi, quel bien il a fait parmi eux! combien de mariages réhabilités! que de pécheurs convertis! Il mettait tant de patience à faire le catéchisme à ces hommes qui avaient vieilli dans l'ignorance ou dans l'oubli de Dieu! Quelle foule se pressait à son confessionnal! Il a bien travaillé, mais son travail a été bien fructueux.

Suivons M. Terlaing dans le ministère des malades. A peine était-il appelé, qu'il accourait avec une ponctualité qui n'a jamais varié. Il est superflu d'exposer avec quelle foi, quelle brûlante charité il parlait au patient, le disposait aux sacrements et les lui administrait. La maladie venait-elle à traîner en longueur, l'homme de Dieu, loin d'abandonner son ami souffrant, le visitait souvent, pourvoyait avec une charité surabondante aux besoins de la famille, maintes fois réduite à la pauvreté par le triste état de son chef, et ne manquait pas de porter le Dieu de consolation à son cher malade à toutes les fêtes. Bientôt, par sa douce parole, par sa charité vraie, il avait gagné le cœur de toute la famille. Alors il s'enquérait de l'état spirituel de la maison. Etait-on marié à la mairie et à l'église? Que de fois ce digne prêtre a fait venir au chevet du malade messieurs les employés de la mairie du 8ᵉ arrondissement, toujours empressés (je le constate avec joie) à répondre à son appel! Les jeunes personnes avaient-elles de l'ouvrage? étaient-elles pieuses? Rien n'échappait à sa sollicitude. Il n'avait pas visité long-temps le malade sans avoir renouvelé toute sa famille, quelquefois toute la maison qu'il habitait. Son zèle avait tant de saintes industries!

A la fin de 1847, il avait eu une autre inspiration qui eût pu amener un excellent résultat, et quoique cette entreprise n'ait pas été exécutée, je tiens à en exposer l'idée, parce qu'elle est bonne et pourrait être reprise. Beaucoup de ses malades, ainsi que cela a lieu dans toutes les paroisses populeuses, allaient à l'hôpital; un grand nombre en sortaient guéris ou convalescents, et ayant aussi rempli à l'hôpital leurs devoirs chrétiens, soit par les saintes inspirations que donne la pensée de la mort, soit parce que là ils en avaient amplement le loisir, ce qui manque assez souvent aux ouvriers. Or il avait remarqué que ces malades, s'ils sortaient convalescents, avaient besoin de secours jusqu'à parfaite guérison, et, s'ils revenaient parfaitement guéris, oubliaient bientôt leurs chrétiennes résolutions, non pas seulement par suite de cette inconstance qui est naturelle à l'homme, mais surtout, comme le savent tous ceux qui ont l'expérience du ministère, parce qu'ils ne connaissaient aucun prêtre de leur paroisse. M. Terlaing s'était donc mis en rapport avec un vicaire ou deux de chacune des paroisses de Paris, leur avait demandé leurs jours et heures, et, assuré de ce concours, avait fait imprimer une liste qu'il avait remise à MM. les aumôniers des nombreux hôpitaux de Paris. MM. les aumôniers étaient priés d'adresser, avec une lettre, à l'un des prêtres désignés (s'ils n'avaient pas d'autres confrères de leur connaissance), les malades qui sortaient administrés de leur hôpital, afin qu'ils fussent suivis et dans leur persévérance, et aussi dans les secours qu'on pourrait leur procurer. Cette liste était sous presse en janvier 1848. Il est possible que les événements politiques, survenus peu après, aient seuls empêché de donner suite à cette pensée sacerdotale.

Le prêtre est continuellement en rapport avec la vieillesse. Les asiles immenses, offerts par la piété et par l'État à ce dernier âge, sont loin, chacun le sait, de pouvoir abriter tous ceux qui sont atteints à la fois de la vieillesse, de mille infirmités et de la pauvreté. Le cœur de M. Terlaing s'émut de ce besoin. Sa charité, loin d'être accablée par les lourdes charges qui pesaient déjà sur lui, semblait plutôt y prendre une force nouvelle. Comme saint François Xavier mourant sentait son cœur se dilater, et, conquérant nouveau, osait songer à assujétir à Jésus-Christ le monde entier, ainsi, peu de mois avant sa mort, M. Terlaing, vrai prêtre de l'Homme-Dieu, voulait soulager toutes les misères. Il ne recula pas devant la fondation d'un hospice de vieillards. Quand la mort vint le frapper, ce n'était plus seulement un projet : la maison avait été choisie, les petites Sœurs des pauvres devaient en prendre la direction. Mais Dieu jugea à propos de récompenser son fidèle serviteur au moment même où il allait réaliser cette nouvelle création de sa charité.

Plus j'y pense, je l'avoue, et plus je suis profondément

étonné qu'un pauvre prêtre ait su trouver dans les trésors de sa foi de quoi suffire à tant d'œuvres. Cet homme de Dieu n'a pas donné moins de 32,000 francs aux pauvres en 1851 ; et, avec le grand ouvroir et l'hospice pour la vieillesse, qu'il voulait fonder, il n'eût pas suffi à toutes les dépenses de 1852 avec moins de 60,000 francs.

M. Terlaing était d'une santé délicate ; mais il traitait rudement son corps, comme tous les saints l'ont fait. Vers le commencement de décembre 1851, il sentit les premières atteintes du mal qui devait le conduire au tombeau. Malgré son courage, qui était grand pourtant, il dut prendre le lit. Après cinquante jours de patience et de résignation, le 26 janvier il quitta cette terre, sur laquelle il avait passé en faisant le bien, nous laissant tout embaumé du parfum de ses vertus.

Toute la population du faubourg Saint-Antoine se porta à l'église des Quinze-Vingts pour assister aux funérailles de ce père des pauvres. L'église ne pouvait suffire à contenir la foule pressée, et la cour, qui s'étend jusqu'à la rue de Charenton, était remplie des amis du bon prêtre. Les soixante orphelines du Saint-Cœur-de-Marie, en voile blanc, entouraient le corps, et beaucoup d'ecclésiastiques, admirateurs de ses vertus, étaient accourus pour rendre hommage à sa vie sacerdotale. Partout, dans la paroisse, quand passait le funèbre cortége, on entendait cette parole sortir de toutes les bouches : « Quel homme bon nous avons perdu ! »

On nous saura gré de reproduire la lettre que Mgr le Cardinal-Archevêque de Besançon, dans le diocèse duquel était né M. Terlaing, adressa à sa mère, pour la consoler de la perte qu'elle venait d'éprouver.

Besançon, 4 février 1852.

Madame,

J'étais bien loin de présumer que le bon Dieu vous réservât une aussi grande amertume que la perte de votre cher fils. Cependant, il avait en peu de temps fait tant de choses pour la gloire de ce divin Maître, qu'il faut moins s'étonner qu'il l'ait appelé à lui et attiré dans le sein de sa miséricorde. C'est surtout à lui que peut s'appliquer la promesse de notre bon Sauveur : « Heureux ceux qui font miséricorde, parce qu'ils obtiendront eux-mêmes miséricorde ! » La charité était l'âme de votre cher fils, et la vie de sa vie. Que de saintes industries ne lui a-t-elle pas suggérées, et jusqu'à son Œuvre des souliers, tout n'était-il pas chez lui invention et action de la foi !

Réjouissez-vous donc, Madame, dans votre peine très-profonde, parce qu'après avoir donné un prêtre à l'Église, un père et un protecteur aux pauvres, vous avez donné un élu au ciel, et que vous le retrouverez, j'en ai la douce confiance, dans la gloire.

Veuillez agréer, Madame, l'expression de mes sentiments très-respectueux,

† CÉSAIRE, *Cardinal-Archevêque de Besançon.*

Telle fut la vie de M. Terlaing. J'aurais voulu qu'une plume mieux connue et plus habile se chargeât d'écrire ces détails édifiants. Longtemps même j'ai attendu que mon désir se réalisât. C'est à défaut d'un autre que j'ai accepté cette tâche, pensant qu'une vie si sacerdotale devait être donnée au public, pour l'honneur du sacerdoce et l'édification des ministres de Dieu. La simplicité de mes intentions me vaudra, je l'espère, l'indulgence de mes lecteurs.

N. BAPTIFOLIER,

Vicaire, à Saint-Pierre du Gros-Caillou.

Paris, 12 mai 1852.